Pasqua
Storia, tradizioni e ...

A cura di **Antonio Pittau**

Buona Pasqua

PRIMA EDIZIONE 2016

Dedicato a tutti coloro
che trascorreranno
la Santa Pasqua
in solitudine

Storia

La Pasqua insieme con il Natale è una delle principali festività del mondo cristiano.

Essa è celebrata in ricordo della risurrezione di Gesù dalla morte, che avvenne nel terzo giorno dalla sua morte in croce, come riportato dalle Sacre Scritture.

La data della festività della Pasqua, varia di anno in anno secondo i cicli lunari, cade ogni anno la prima domenica di plenilunio successiva all'equinozio di primavera, quindi tra il 22 marzo e il 25 aprile. Questo sistema venne fissato definitivamente nel IV secolo dal *Concilio di Nicea I* (anno 325), da *Dionigi il Piccolo*. Nei secoli precedenti potevano esistere diversi usi locali sulla data da seguire, tutti comunque legati al calcolo della Pasqua ebraica.

Può essere definita Pasqua bassa dal 22 marzo al 2 aprile, media dal 3 al 13 aprile, alta dal 14 al 25 aprile.

La tradizione della Chiesa cattolica vuole che la data della Pasqua sia annunciata ai fedeli dal sacerdote celebrante durante i riti della festività dell'Epifania (6 gennaio).

La parola Pasqua deriva dal latino *Pascha*, che deriva dal greco *Πάσχα*, a sua volta derivato dall'ebraico *Pesah* ossia *"passare oltre"*.

Essa deriva dal racconto della decima piaga in Egitto ai tempi degli ebrei schiavi, nei quali il Signore vide il sangue dell'agnello sulle porte delle case d'Israele è "passò oltre", colpendo solo i primogeniti maschi degli egiziani, compreso il figlio del faraone (Esodo, 12,21-34).

La *Pesach*, la Pasqua ebraica, celebra la liberazione di Israele dalla schiavitù sotto gli egiziani da parte di Mosè e l'inizio di una nuova vita libera verso la terra promessa.

Gli ebrei che vivono entro i confini dell'antica Palestina celebrano la Pasqua in sette giorni. Durante la festa un ebreo ortodosso deve astenersi dal consumare pane lievitato e sostituirlo con il pane azzimo, come quello che consumò il popolo ebraico durante la fuga dall'Egitto; per questo motivo la Pasqua ebraica è detta anche "festa degli azzimi".

Nel cristianesimo la Pasqua ha acquisito un nuovo significato, indicando la risurrezione dalla morte di Gesù Cristo e il passaggio a vita nuova per i cristiani, liberati dal peccato originale con il sacrificio sulla croce di Gesù Cristo e chiamati a risorgere con Lui.

La Pasqua cristiana è la chiave interpretativa della nuova alleanza del popolo con Dio.

La nuova alleanza o Nuovo Testamento è la continuazione e l'espansione dell'antica alleanza su cui era fondata la religione ebraica, è la base della religione cristiana. La nuova alleanza prende vita sul Calvario con il sacrificio di Gesù e la sua resurrezione. Chiunque crede nell'opera di Gesù e osserva i comandamenti ottiene il perdono dei peccati e la salvezza.

La Pasqua cristiana è detta Pasqua di risurrezione, mentre quella ebraica è Pasqua di liberazione dalla schiavitù d'Egitto.

La Pasqua è preceduta da un periodo preparatorio di astinenza e digiuno della durata all'incirca di quaranta giorni, chiamato generalmente *Quaresima*, che nel rito romano ha inizio il *Mercoledì delle Ceneri*. Nella forma ordinaria del rito romano, l'ultima settimana del tempo di Quaresima è detta *Settimana santa*, periodo ricco di celebrazioni e dedicato al silenzio e alla contemplazione. Comincia con la *Domenica delle Palme*, che ricorda l'ingresso di Gesù in Gerusalemme, dove fu accolto trionfalmente dalla folla che agitava in segno di saluto delle foglie di palma. Per questo motivo nelle chiese cattoliche, durante questa domenica, vengono distribuiti ai fedeli dei rametti di olivo benedetto (segno della passione di Cristo).

Durante il Giovedì Santo, di mattina, nella cattedrale si celebra la messa crismale, durante la quale il Vescovo consacra gli oli santi (crisma, olio dei catecumeni e olio degli infermi), i quali serviranno durante tutto il corso dell'anno rispettivamente per celebrare le cresime e i battesimi, ordinare i sacerdoti e celebrare il sacramento dell'unzione degli infermi. L'Ora Nona del Giovedì Santo è l'ultima celebrazione liturgica del tempo di Quaresima che si conclude prima dell'inizio della Messa Vespertina in Coena Domini.

La Settimana Santa nelle diverse tradizioni popolari italiane.

Ai riti previsti dalla liturgia si accompagnano quelli che nel corso dei secoli la pietà del popolo cristiano ha adottato per rievocare i momenti più significativi della passione umana di Cristo, vero uomo e vero Dio, comprendenti in particolare la sua passione, morte e resurrezione.

In tutto il mondo, i cattolici chiamano Settimana santa il periodo, da Domenica delle palme al Sabato santo, che precede la Pasqua, cioè la domenica in cui si ricorda la resurrezione dai morti di Gesù Cristo.

Per la sincerità di tali espressioni religiose la Chiesa cattolica approva e consente lo svolgimento di queste celebrazioni, poiché contribuiscono a rinsaldare e tramandare la fede cristiana.

In tutto il mondo cattolico, la tradizione popolare della Settimana santa è ricchissima di canti, poemi, raffigurazioni e rievocazioni sceniche della Passione di Gesù, che spesso affondano le loro radici fin dai primi secoli del cristianesimo.

La letteratura italiana è ricca di opere, scritte in prosa e soprattutto in poesia, di autori noti e anonimi, ispirate ai sacri Evangeli che trattano la Passione di Cristo, dal suo ingresso trionfale a Gerusalemme, alla morte in croce, alla sepoltura e alla resurrezione dai morti (come il celebre *Stabat Mater* o anche alcune *Laudi di Jacopone* da Todi, risalenti al XIII secolo). Le vicende umane e divine di Cristo, rievocate nella Settimana Santa, hanno ispirato l'opera non solo di numerosi scrittori e poeti, di ogni parte del mondo, ma anche di musicisti, pittori, scultori, architetti, artisti in genere.

In Italia le rappresentazioni della Settimana Santa sono numerosissime e spesso particolarmente suggestive, diffuse soprattutto nel Mezzogiorno, grazie ai notevoli influssi spagnoli; in esse si mescolano gli elementi più strettamente religiosi a componenti in varia misura folkloristiche. Fra le più particolari e belle in Italia sono quelle che si svolgono ad esempio a Sorrento o in Umbria, a Sulmona e a Ortona con la caratteristica processione dei Talami, entrambe cittadine dell'Abruzzo, a Sessa Aurunca, in provincia di Caserta, o a Ruvo in provincia di Bari, e con le processioni del Venerdì e Sabato santo; a Taranto, con i confratelli detti Perdoni, che si svolgono a partire dal giovedì Santo pomeriggio sino al sabato Santo mattina; quella di Gallipoli, con la bellissima processione dei misteri e della tomba di Cristo morto (detta "*Urnia*) il venerdì Santo e quella successiva, all'alba del Sabato santo, di Maria Ss.ma Desolata ai piedi della Croce; quella di Polistena, con ben 11 riti, tra cui 4 in un solo giorno; quella di Molfetta con la processione dell'Addolorata il venerdì di Passione, dei Misteri il venerdì santo e della Pietà il sabato santo; quella di Bitonto con la processione dell'Addolorata il venerdì di Passione, e le processioni dei Misteri e di gala, rispettivamente all'alba e la sera del venerdì santo; quelle caratteristiche di Catanzaro, San Fratello, Enna, Caltanissetta, Trapani, Noicattaro, Vico del Gargano e Caulonia, dove il Sabato Santo si svolge la particolare funzione del *"Caracolo"*.

I Riti della Settimana Santa in Sardegna

I comuni sardi coinvolti nelle celebrazioni dei riti della Settimana Santa ("Sa Chida Santa" o "Xida Santa", "Chenabura Santa" in logudorese, "Chedda Santa" dialetto sorsense) nel 2011 sono stati: Aggius, Aidomaggiore, Alghero, Barisardo, Bonarcado, Bonnannaro, Bortigali, Bosa, Cagliari, Castelsardo, Collinas, Cuglieri, Desulo, Domusnovas, Fonni, Galtellì, Ghilarza, Iglesias, Irgoli, Laconi, Lanusei, Milis, Narbolia, Nulvi, Nuoro, Oliena, Onifai, Orgosolo, Oristano, Orosei, Paulilatino, Pozzomaggiore, Riola Sardo, Samugheo, San Vero Milis, Santu Lussurgiu, Sarule, Sassari, Scano di Montiferro, Seneghe, Terralba, Tonara, Villacidro, Villanova Monteleone e Zeddiani.

I riti della Settimana Santa sono l'insieme delle manifestazioni religiose organizzate in diversi luoghi della Sardegna per opera delle locali confraternite in occasione della Pasqua.

Questi antichi riti, di grande richiamo turistico, vogliono rappresentare i momenti più espressivi della vita di Cristo, descritti nei Vangeli, dal suo arresto da parte dei romani alla Resurrezione, affiancandosi alle celebrazioni ufficiali della Settimana Santa.

Tra i riti della Settimana Santa ci sono diverse differenze da luogo a luogo, tra cui vi sono la processione delle Palme (*sas Prammas*) (Domenica delle Palme), l'allestimento dei cosiddetti "Sepolcri" (*sos Sepurcros*) all'interno delle chiese (per l'adorazione del Giovedì Santo, dopo la messa in Coena Domini), la processione del Cristo morto (Venerdì Santo) e la processione de *s'Incontru*, la mattina di Pasqua, l'incontro tra la statua del Cristo risorto e quella della Madonna.

Altri riti si svolgono in giorni diversi a seconda della città in cui hanno luogo o della confraternita che li organizza; tra queste la *processione dei Misteri (Is Misterius)* (statue o simboli che richiamano la passione di Cristo), il tradizionale il rito de *s'incravamentu* (inchiodamento alla croce) e *Iscravamentu* (schiodamento, si tratta della rappresentazione della deposizione di Cristo dalla croce, attuata con un Cristo dagli arti mobili che viene realmente tolto dalla croce e deposto su una lettiga per essere portato in processione o esposto all'adorazione dei fedeli) che a seconda del luogo può tenersi il giovedì, il venerdì o il sabato.

Domenica delle palme

La Settimana santa si apre con la Domenica delle palme, nella quale si celebra l'entrata trionfale di Gesù a Gerusalemme, acclamato come messia e figlio di Davide. Nella liturgia cattolica vien letto il racconto della passione di Gesù secondo l'Evangelista corrispondente al ciclo liturgico che si sta vivendo. La tradizione risale a prima del IV secolo. Questa ricorrenza non segna la fine della Quaresima che, nella forma ordinaria del rito romano, si conclude il giovedì santo esattamente prima della messa vespertina.

Lunedì, martedì e mercoledì santo

Il lunedì, martedì e mercoledì santo la Chiesa contempla in particolare il tradimento di Giuda per trenta denari.

Messa del crisma

Durante la mattina del Giovedì santo o il pomeriggio del Mercoledì santo non si celebra l'eucarestia nelle parrocchie, perché in ogni diocesi vien celebrata un'unica messa nella chiesa cattedrale, presieduta dal vescovo, insieme a tutti i suoi presbiteri e diaconi (messa crismale). In questa messa vengono consacrati gli oli santi e i presbiteri rinnovano le promesse effettuate al momento dell'Ordine sacro.

Il *Triduo Pasquale*

Esso si trova collocato tra la *Quaresima* e il *Tempo pasquale*: si tratta di tre tempi liturgici distinti, ed è formato dal *Giovedì. Venerdì e Sabato Santo.*

Giovedì Santo

Il solenne *Triduo Pasquale*, della *Passione*, *Morte* e *Risurrezione* di Cristo inizia nel pomeriggio del giovedì santo. La sera si celebra la messa in Cena Domini, nella quale si ricorda l'Ultima cena di Gesù, l'istituzione dell'eucarestia e del sacerdozio ministeriale, si ripete la lavata dei piedi effettuato da Cristo nell'Ultima cena. Alla fine della messa gli altari restano senza ornamenti, le croci velate e le campane silenti. La croce sarà scoperta il giorno dopo, il Venerdì santo durante la parte della speciale cerimonia che sostituisce l'adorazione della croce alla liturgia eucaristica.

Venerdì Santo

Il *Venerdì Santo* si ricorda il giorno della morte di Gesù sulla croce. La chiesa celebra verso le tre del pomeriggio la solenne celebrazione della Passione, divisa in tre parti:

1. La liturgia della parola, con la lettura del quarto canto del servo del Signore di Isaia (52,13-53,12), dell'Inno cristologico della lettera ai Filippesi (2,6-11) e della passione secondo Giovanni.
2. L'adorazione della croce.
3. La santa comunione con i presantificati, cioè con le specie consacrate la sera prima. Non si fanno consacrazioni e non si celebra alcuna messa in questa giornata.

Il Venerdì santo è tradizione effettuare il pio esercizio della Via Crucis. La chiesa cattolica pratica il digiuno ecclesiastico e si astiene dalle carni come forma di partecipazione alla passione e morte del suo Signore.

Sabato Santo

Il *Sabato Santo* è tradizionalmente giorno in cui non si celebra l'eucaristia, e la comunione si porta solamente ai malati in punto di morte. È invece celebrata la liturgia delle Ore; caso unico nell'anno liturgico.

Nella notte si celebra la solenne *Veglia Pasquale*, che, nella Chiesa cattolica, è la celebrazione più importante di tutto l'anno liturgico. In essa:

Si celebra la resurrezione di Cristo attraverso la liturgia del fuoco: con il fuoco nuovo si accende il cero pasquale, che è portato in processione in chiesa; durante essa si proclama *La luce di Cristo*, e si accendono le candele dei fedeli. All'arrivo al presbiterio il cero è incensato e si proclama l'annuncio pasquale.

La liturgia della Parola ripercorre con sette letture dell'Antico Testamento gli eventi principali della storia della salvezza, dalla creazione del mondo attraverso la liberazione del popolo d'Israele dalla schiavitù d'Egitto, alla promessa della nuova alleanza. Dopo il canto solenne del Gloria, l'epistola proclama la vita nuova in Cristo risorto, e nel Vangelo si legge il racconto dell'apparizione degli angeli alle donne la mattina di Pasqua.

Segue la liturgia battesimale, nella quale tutti i fedeli rinnovano le promesse del proprio battesimo, e se ce ne sono, vengono battezzati i catecumeni che si sono preparati al sacramento.

La liturgia eucaristica si svolge come in tutte le messe.

Domenica di Pasqua o di Resurrezione

La *Domenica di Resurrezione* torna a riecheggiare la gioia della veglia pasquale. Tale domenica è ampliata nell'Ottava di Pasqua: la Chiesa celebra la pienezza di questo evento fondamentale per la durata di otto giorni, concludendosi la II domenica di Pasqua, chiamata fin dall'antichità *Domenica in Albis*, che *Giovanni Paolo II* ha voluto dedicare al ricordo della *Divina Misericordia*.

Dolci e piatti tipici di Pasqua

A Pasqua, negli ultimi decenni, c'è l'abitudine di regalare uova di cioccolato.
Quest'abitudine è nata con il tempo, ma all'inizio si regalavano uova vere, con il guscio colorato, col significato di rinascita e che la vita ricomincia.

Tra i diversi dolci pasquali ricordiamo:

- *La Colomba pasquale*, prodotto industriale o artigianale (in tutta Italia)

- *Pastiera*, tipica della Campania

- *Cassata*, tipica della Sicilia

- *Pigna dolce*, del Lazio meridionale

- *Scarcella* della Puglia o *pizz palumm*, *Cuddura*, *"cicilio"* della Sicilia, sorta di grossa ciambella guarnita con uova sode munite di guscio, parzialmente inglobate nell'impasto e fermate da strisce di pasta frolla decorata, infornate.

- *Schiacciata*, della Toscana

- *Pie*, dolce tipico della Calabria e della tradizione di Mileto fatte da una sorta di pasta frolla a doppio strato contenente all'interno marmellata di uva con noci e aromi naturali.

- *Cuzzupa*, dolce tipico della Calabria

- *Casadina*, dolce tipico della Sardegna realizzato con una sottile sfoglia di pasta racchiuso a mo' di scodellina con i bordi delicatamente frastagliati, ha all'interno un ripieno a base di formaggio (il nome ricorda appunto il nome latino del formaggio) o ricotta e uva passa, così conosciuto nella zona del logudoro, mentre al centro-sud, nel Campidano è realizzata in forme e ingredienti più o meno simili (sovente con l'aggiunta di zafferano prodotto nel sud dell'isola) col nome di *Pàrdula* o *Padruas* o *Formaggelle*.

- *Pinza triestina*, dolce lievitato, di forma rotonda con tre tagli in superficie. Tipico delle province di Gorizia e Trieste

- *Pizza di Pasqua* di Civitavecchia, dolce tipico di Civitavecchia e zone limitrofe. La pasta lievitata dopo la cottura presenta una pellicola scura e l'interno di color nocciola. Ha un inconfondibile profumo di cannella e i pezzettoni di cioccolato la rendono golosissima. Si può mangiare anche accompagnata da affettati e uova nella classica colazione di Pasqua.

- *Torta Pasqualina*, dalla tradizione ligure.

- *Tortano di Pasqua* di Gaeta, dolce tipico della città di Gaeta consistente in una ciambella (tipo *plumcake*) ricoperta di glassa e zuccherini colorati.

- *Zambela romagnola*, dolce tipico della Romagna che le massaie andavano a cuocere al forno la domenica delle palme.

- *Pasimata*, dolce lucchese tipo pane dolce, consumato tradizionalmente durante la Quaresima e, benedetto in chiesa, nel giorno di Pasqua.

- *Focaccia di Pasqua*, prodotto industriale o artigianale, in tutta Italia.

- *Casatiello*, preparato in Campania

- *Pizza di Pasqua o pasqualina, Torta pasqualina o pasquale*: dolce rustico al formaggio, tipico dell'Italia centrale

- *Sguta*, di origine calabrese.

- *Agnello pasquale*, tipico della Sicilia

- *Pecorella*, tipica della Puglia

- *Uovo di cioccolato* (fondente o al latte) il simbolo per eccellenza di questa festa, da quando nel 1857 un grande orafo, *Fabergé* ne realizzò uno speciale, in oro, platino e pietre preziose, per regalarlo alla zarina *Maria di Russia*.

- *Biscotti di Pasqua,* tutta Italia.

- *Cupolette di colomba,* tutta Italia

- *Nidi di Pasqua al cioccolato,* tutta Italia

- *Cestini di mandorle* chiamati *"Pastissus"* a Quartu e nel Medio Campidano, *"Capigliettas"* a Oristano e dintorni, *"Tumballinas"* a Borore, *"Copulettas"* a Ozieri, in Sardegna.

- *Sa Pippia o Pipiedda cun s'ou* (Bambina con l'uovo) da regalare alle bambine a Pasqua, per i Bambini maschi *"su zirante",* in molte parti della Sardegna.

- *Su Coccoi con s'ou,* (pane di pasta dura con l'uovo al centro) tipico in molte parti della Sardegna.

- *Coniglio pasquale,* tipico dolce dei paesi di lingua tedesca e degli Stati Uniti.

- *Salame di cioccolato,* tutta Italia.

- *Treccia Pasquale o Campanaccio,* tutta Italia.

- *Frittata di maccheroni,* tipico della Campania

- *Carciofi arrostiti,* tipico della Campania

- *Uova sode,* presenti in tutta Italia, spesso vengono decorate.

Pensieri sulla Pasqua

Pasqua è il simbolo del Rinnovamento, della Gioia e della Rinascita in questo giorno per tutti un po' speciale, ti auguro di trasformare i tuoi sogni in una splendida realtà, per sorridere ai giorni avvenire con quella gioia nel cuore che solo le cose autentiche e genuine sanno donarti. Buona Pasqua di serenità e gioia!
(Stephen Littleword)

Il mistero pasquale personale di Cristo si estende nel mondo condensando il mondo in lui.
(François-Xavier Durrwell)

Cristo, come lievito divino, penetra sempre più profondamente nel presente della vita dell'umanità diffondendo l'opera della salvezza di Lui compiuta nel Mistero pasquale. Egli avvolge inoltre nel suo dominio salvifico anche tutto il passato del genere umano, cominciando dal primo Adamo.
(Papa Giovanni Paolo II)

Non si può seppellire la verità in una tomba: questo è il senso della Pasqua.
(Clarence W. Hall)

Il sepolcro svuotato ci dice che la morte è stata vinta. E torna la Pasqua, per dirci la gioia di un domani aperto da Dio.
(Don Marco Gasperini)

E' l'ora di squarciare le catene,
E' tempo di far fiorire le anime.
(Katherine Lee Bates)

Buona Pasqua.
Sorprendete e lasciatevi sorprendere.
(Don Cristiano Mauri)

La Resurrezione è iniziata quando ciò che era di più orrendo diventa sorgente di grazia.
(Jean Vanier)

La Pasqua enuncia la bellezza, la rara bellezza di una nuova vita.
(SD Gordon)

Il periodo che precede la Pasqua è il periodo in cui la vita si muove nuovamente verso la sua pienezza e, con questa sua forza oggi così poco compresa, spinge anche noi a rinnovarci, ad abbracciare con una nuova visione lo scorrere incerto della vita.
(Susanna Tamaro)

Vi ricordo che è mattino di Pasqua,
E la vita e l'amore e la pace sono appena nati.
(Alice Freeman Palmer)

Non sapete che un po' di lievito fa fermentare tutta la pasta? Togliete via il lievito vecchio, per essere pasta nuova, poiché siete azzimi. E infatti Cristo, nostra Pasqua, è stato immolato! Celebriamo dunque la festa non con il lievito vecchio, né con lievito di malizia e di perversità, ma con azzimi di sincerità e di verità.
(Paolo di Tarso)

Pasqua era giunta, la festa della luce e della liberazione per tutta la natura! L'inverno aveva dato il suo addio, ravvolto in un fosco velo di nebbie, e sopra le turgide nuvole in corsa s'avvicinava ora la primavera. Aveva spedito innanzi ai suoi messaggeri di tempesta per destare la terra dal lungo sonno, ed essi fremevano su boschi e piani, battevan le ali sulle cime possenti dell'alpe e sconvolgevano il mare dal profondo. Era nell'aria come un lottare e un muggire selvaggio, e ne usciva tuttavia quasi un grido di vittoria: ché tra le burrasche di primavera, frementi di vita, s'annunciava la resurrezione.
(Elisabeth Bürstenbinder)

Il giorno di Pasqua il velo tra il tempo e l'eternità si assottiglia in modo quasi impercettibile. (Douglas Horton)

Con la sua morte Cristo ci libera dal peccato, con la sua risurrezione ci dà accesso a una nuova vita. (Catechismo della Chiesa Cattolica)

Il Nostro Signore ha scritto la promessa della Risurrezione, non solo nei libri, ma in ogni foglia di primavera. (Martin Lutero)

Quando Gesù resuscitò si fece vedere prima dalle donne perché la notizia si spargesse più presto. (Jean Charles)

È Pasqua. Una nuova, inesauribile sorgente di vita è stata infusa nel mondo: Cristo risorto. Alleluia! (Papa Paolo VI)

Dio è pane, Dio è amore, Dio è per sempre. (Madre Teresa di Calcutta)

Frasi Augurali

Con il pensiero rivolto a voi per la Santa Pasqua auguro che Dio vi benedica e che vi doni tanta felicità.

La Pasqua è un'occasione meravigliosa per ringiovanire nello Spirito e nella speranza. Buona Pasqua a tutti …

A me la Pasqua mi mette angoscia. Conigli, Agnelli, Croce, Primogeniti Morti. Sarà la primavera, il seme che spacca se stesso per nascere.

Auguri di pace serenità e bontà d'animo.

Din don dan din don dan... le campane annunciano già che la Pasqua è arrivata per portare a tutti pace e serenità...
BUONA PASQUA.

Bianca colomba che nei cieli voli porta gioia e amore in tutti i cuori...

È un inizio di primavera ancora freddo e piovoso, il mio augurio per questa Pasqua è che possa portare con se il sole della primavera fuori e dentro di voi. Auguri!

Auguri di buona Pasqua a tutti quelli che sperano in un mondo migliore e che si rimboccano le maniche per migliorarlo.

Gesù è risorto e tutto il mondo gioisce per lui. Buona Pasqua, con l'augurio che questa gioia possa accompagnarti per sempre.

Le campane suonano a festa e dentro ai cuori ricolmi di gioia si accende una splendente luce che ci mostra la giusta via. Auguri di buona Pasqua!

Anche se l'uovo è piccolo, te lo dono con grande Amore. Tanti Auguri.

Tanti auguri di buona Pasqua! Mi raccomando però... non mangiare troppo cioccolato!!!

Mi auguro che dentro al tuo uovo quest'anno tu possa trovare gioia, serenità e letizia. Buona Pasqua!

Nell'uovo di Pasqua che mai ci sarà? Ci sarà forse nascosta la felicità? Aprilo dunque piano piano perché la sorpresa non possa sfuggirti di mano. E se il tuo cuore pronto al cambiamento sarà, sicuramente potrà godere di questa bella novità! Disperdi quindi le ombre del tuo cuore e accogli tutti con fraterno amore. Questo è l'augurio per scoprire la vera felicità per una Pasqua di serenità.

Perché in questo periodo di gioia il tuo cuore possa aprirsi a nuove dolcezze. Buona Pasqua.

La Pasqua ci da un messaggio di Speranza. Ci aiuta a credere che dopo la sofferenza ci sia la resurrezione e che dopo ogni pena c'è la gioia!

Fiori rosa... fiori di pesco... Vi auguro Buona Pasqua con questo gesto.
(Anonimo)

Pasqua è sentire nel cuore gioia e speranza, un tiepido sole che brilla e illumina il nostro cammino per andare incontro a Gesù risorto. Alleluja!

Un augurio affinché questa Pasqua porti una nuova luce nei nostri cuori e sia simbolo di rinascita e di speranza per tutto il mondo!

... con la speranza che questo giorno... porti la speranza di essere migliori... in queste mondo pieno di ostacoli.... Buona pasqua.

Campane a festa, tripudio di cuori, Buona Pasqua Felice agli amici migliori!!!

Ogni desiderio è un sorriso. Indossa il tuo sorriso e vai incontro alla vita. Felice, spensierato. Indossa il tuo sorriso. Auguri di buona pasqua

Freschezza di parole, luminosità dell'aria, attimi sussurrati da voce rasserenante: è Pasqua che ci fa rinascere sperando ancora...

Un augurio affettuoso affinché la Pace e la Pura Gioia che la Pasqua dona al cuore restino a illuminare ogni giorno della vostra vita.
Buona Pasqua.

Pasqua giorno di Resurrezione: Auguri a tutti voi che vi sentite stanchi e affaticati, che il Cristo risorto prendendovi per mano possa farvi sentire tutta la forza del suo AMORE, possa colmare i vostri cuori di pace e donarvi la forza per proseguire il cammino sicuri che domani sarà migliore.

Buona pasqua! Che il Cristo Risorto possa donare sempre serenità, gioia e speranza a te e a tutti i tuoi cari!

Che nel Cristo Risorto possa trovare la luce per il tuo cammino. Santa Pasqua!

Spero che Gesù risorto porti un sorriso sul volto di tutti i bambini del mondo e soprattutto a quei bimbi i cui diritti vengono violati. Auguri di cuore!

Che questa Pasqua, primavera di vita, sia foriera d'infinita speranza e letizia per le menti e i cuori. Buona Pasqua!

Un coniglio piccolino è uscito dal cestino per donarti tanti baci e per dirti che gli piaci. Auguri di buona Pasqua a te e ai tuoi cari.

In tempi tristi e cupi possa la speranza essere annientata dalla certezza nella resurrezione di Cristo illuminando il nostro cammino con un sorriso e un abbraccio. Auguri di buona Pasqua!

Che la luce di nostro Signore risorto rischiari le menti e addolcisca i cuori di tutti noi. Auguri di Buona Pasqua!

Che le campane della Santa Pasqua suonino a festa per portare gioia e speranza a tutti voi!

Che la gioia di Cristo risorto scenda nel tuo cuore donandoti nuova speranza, pace e serenità. Buona Pasqua!

Vorrei, in questi giorni di dolore, essere nei tuoi pensieri per comunicarti che, dopo le nuvole ci sarà ancora il sole a risplendere per noi tutti. Buona Pasqua!

Che la gloria di Gesù Risorto rinnovi le tue speranze, la tua fede e la tua gioia. Serena Pasqua.

Che lo spirito della Santa Pasqua ti aiuti a trovare la gioia nelle piccole cose e ti doni la fede nel Signore che ha dato la vita per la nostra salvezza. Buona Pasqua!

Che la colomba pasquale, simbolo della pace, volata da Noè con il ramoscello d'Ulivo nel becco voli per sempre nei nostri cuori per darci pace e serenità. Auguri di una buona Pasqua.

La Resurrezione di Gesù è motivo di gioia per tutti noi. Rendiamoci conto della nostra missione di diffondere questa gioia, di irradiarla ogni giorno della nostra vita dovunque andiamo e qualunque cosa facciamo; prima a noi stessi, poi in famiglia e poi agli altri.

Dolce profumo di primavera, di nuova vita. Nell'aria un vento d'amore, che farà sbocciare nuova speranza nei cuori. Buona Pasqua!

Con l'augurio sincero che il miracolo della Santa Pasqua possa toccare le vostre vite.

Per te un uovo di cioccolato e una carezza con l'augurio, di cuore, di trascorrere una serena e buona Pasqua.

È Risorto per regalare ancora una nuova primavera al mondo intero.
Buona Santa Pasqua a tutti.

La Pasqua va sentita, vissuta, ed è solo quando il cuore entra in dolce sintonia con la mente che i nostri auguri per gli altri si riempiono di significato spirituale. Buona Santa Pasqua a tutti!

Vorrei augurare a tutti una Pasqua che rinnovi la speranza nei cuori e faccia ritrovare il sorriso anche a chi l'ha perso da tempo.

Serene festività Pasquali, nell'augurio che ogni giorno sia per tutti noi la resurrezione dei valori umani nei nostri cuori.

Mi piacerebbe trovare un modo originale per augurarti Buona Pasqua, ma credo che il mio pensiero e il mio affetto sincero bastino.
Tanti Auguri.

Con la gioia dentro al cuore è risorto nostro Signore per portare in questo giorno la salvezza a tutto il mondo. Auguri di buona Pasqua.

Il Signore Risorto sia luce ai tuoi passi e sostegno nel lungo cammino della vita, con l'augurio che tu possa trascorrere una felice e gioiosa Pasqua.

Che questa Pasqua porti tanta felicità nei vostri cuori e possiate viverla serenamente.

Ulivo significa PACE; spero che non solo in questo giorno, ma anche per tutto l'anno regni nella vostra casa.

Auguro al mondo intero che la potente luce della Resurrezione possa riaccendere la speranza di una vita migliore anche nei cuori più provati. Buona Pasqua.

Per voi bimbi, la Pasqua significa "la sorpresa dell'uovo", per noi genitori significa la speranza di una famiglia sempre unita e in perfetta armonia.

In questo giorno speciale che il mio augurio ti possa arrivare. Che questa Pasqua ti sappia trovare e oltre a tanto buon cioccolato, la felicità lasciare.

Nessun uovo potrebbe contenerti, perché sei la sorpresa più grande che ci possa essere. Buona Pasqua.

Una colomba è volata in alto nel cielo per portare pace in tutta la terra, pace anche nel tuo cuore, che questa Pasqua possa portarci un po' d'amore.

Il primo suono di campane che ti sveglierà sarà il mio primo pensiero rivolto a te, augurandoti: Buona Pasqua.

La gioia viene dalle cose piccole, la tranquillità viene dall'anima, la luce viene dal cuore di ognuno. Buona e serena Pasqua!

Una campana piccina piccina con la sua voce fresca e argentina dondola dondola nel cielo blu e dice a tutti: "È Risorto Gesù". BUONA PASQUA!

Quando queste righe leggerai, capirai che con tanto amore gli auguri di Buona Pasqua ti mandai.

Cogliendo l'occasione della Santa Pasqua vi auguriamo ogni felicità.

Volevo essere la sorpresa del tuo uovo, ma siccome stavo stretto, mi son mangiato tutto il cioccolato. Con un abbraccio "molto dolce" ti auguro una Buona Pasqua.

La colomba di Pasqua Vi porti tanta serenità e che Gesù risorto vegli su di Voi. Tantissimi Auguri di una Santa Pasqua serena e piena d'armonia.

La luce di Gesù risorto disperda le tenebre del cuore e dello spirito! Ti auguro di sentire sempre quella pace che dà serenità Affettuosi auguri!

Auguri di Buona Pasqua che Gesù possa rinascere anche nei nostri cuori.

Se il mare trasportasse tutti i buoni sentimenti, i miei, di profonda amicizia, ti arriverebbero su velieri d'oro, per farti capire quanto tenga a te. Buona Pasqua!

La Pasqua è un'occasione meravigliosa per ringiovanire nello spirito e nella speranza...
È quanto ti auguro con grande affetto.

Ti giungano i miei più sentiti auguri di una felice e serena Pasqua.

Poesie sulla Pasqua

Dall'uovo di Pasqua

Dall'uovo di Pasqua
è uscito un pulcino
di gesso arancione
col becco turchino.
Ha detto: "Vado,
mi metto in viaggio
e porto a tutti
un grande messaggio".
E volteggiando
di qua e di là
attraversando
paesi e città
ha scritto sui muri,
nel cielo e per terra:
"Viva la pace,
abbasso la guerra".

(Gianni Rodari)

Buona Pasqua
Non ho grandi cose da donarti
Le parole sono piccoli segni …
ma ascolta solo il mio cuore
che ti dice:
Tanti Auguri

(Anonimo)

Gesù

E Gesù rivedeva, oltre il Giordano,
campagne sotto il mietitor rimorte,
il suo giorno non molto era lontano.

E stettero le donne in sulle porte
delle case, dicendo: Ave, Profeta!

Egli pensava al giorno di sua morte.

Egli si assise, all'ombra d'una mèta
di grano, e disse: Se non è chi celi
sotterra il seme, non sarà chi mieta.

Egli parlava di granai ne' Cieli:
e voi, fanciulli, intorno lui correste
con nelle teste brune aridi steli.

Egli stringeva al seno quelle teste
brune; e Cefa parlò: Se costì siedi,
temo per l'inconsutile tua veste;

Egli abbracciava i suoi piccoli eredi:
-Il figlio Giuda bisbigliò veloce-
d'un ladro, o Rabbi, t'è costì tra 'piedi:

Barabba ha nome il padre suo, che in croce
morirà. - Ma il Profeta, alzando gli occhi

-No-, mormorò con l'ombra nella voce,
e prese il bimbo sopra i suoi ginocchi.

(Giovanni Pascoli)

O sepolcro, tu non tenerlo più a lungo;
La morte è forte, ma la vita è più forte;
Più forte del buio, è la luce;
Più forte del male, è la giustizia ...

(Phillips Brooks)

Dentro un uovo di buon cioccolato
vorrei tanto ci fosse una cosa,
non un puffo, un anello, un soldato,
ma un momento di festa gioiosa.
Voglio dirti proprio per questo
ho pregato per voi ieri sera
perché oggi sia un giorno lieto.
Una Pasqua di speranza vera.

(Roberto Fontana)

Pasqua

A festoni la grigia parietaria
come una bimba gracile s'affaccia
ai muri della casa centenaria.
Il ciel di pioggia è tutto una minaccia
sul bosco triste, ché lo intrica il rovo
spietatamente, con tenaci braccia.
Quand'ecco dai pollai sereno e nuovo
il richiamo di Pasqua empie la terra
con l'antica pia favola dell'ovo.

(Guido Gozzano)

È Pasqua

"È pasqua!", cantano in coro
mille campane d'oro.
Sulle chiesine, sulle cattedrali,
che dolci trilli, che ricami d'ali!
Bimbi e agnelli giocano tra i fiori.
Una speranza nasce in tutti i cuori.
E tra gli squilli, le corolle e i canti
si sentono più buoni tutti quanti.

(Anonimo)

Pasqua

È risorto Gesù!
Lo puoi trovare ora
In ogni uomo:
in chi soffre e lotta
per la libertà,
in chi soffre a lotta
per difendere la pace
nell'amico
che ti stringe la mano,
in chi cerca
l'amore degli uomini.

(Hardy Tentle)

Pasqua

Le uova a sorpresa,
le rondini e i fiori,
rallegrano la Pasqua
di vivi colori.
Ma il dono più bello,
regalo migliore,
lo porta la pace
in fondo al cuore.

(Anonimo)

Pasqua è Pace

Vien un suono sa lontano
lieve lieve, piano piano.
Entra dolce in ogni cuore
Come un dono del Signore.
Tutti quanti son felici
tutti quanti sono amici.
Con la Pasqua del Signore
c'è la pace in ogni cuore.

(Anonimo)

Dentro un uovo di buon cioccolato
vorrei tanto ci fosse una cosa,
non un puffo, un anello, un soldato,
ma un momento di festa gioiosa.
Voglio dirti proprio per questo
ho pregato per voi ieri sera
perché oggi sia un giorno lieto.
Una Pasqua di speranza vera.

(Roberto Fontana)

Dal sepolcro la vita è deflagrata.
La morte ha perduto il duro agone.
Comincia un'era nuova: l'uomo riconciliato nella
nuova alleanza sancita dal tuo sangue
ha dinanzi a sé la via.

(Mario Luzi)

Alleluia, alleluia, alleluia
Piange Maria davanti al sepolcro,
Io l'ho seguito, lo amavo davvero
lui mi ha guarito, mi ha dato la vita,
me l'hanno ucciso è lui non c'è più.
Alleluia, alleluia, alleluia
Vuoto è il sepolcro, non c'è più il suo corpo
sente una voce, la chiama per nome,
e con il volto segnato dal pianto,
si volge indietro e corre da lui.
Alleluia, alleluia, alleluia
Perché tu cerchi chi è vivo tra i morti?
Alzati e corri, non sono più qui!
Tu che sei l'ultima agli occhi degli altri,
vai tu per prima e grida: "È risorto!"
Alleluia, alleluia, alleluia...

(Anonimo)

È Pasqua!

È Pasqua!
Sul mandorlo in fiore.
il vento d'Aprile
sussurra gentile
la prima parola d'amore.

È Pasqua!
Con garrulo grido,
signora dell'aria
la rondine svaria
cercando la fronda e il nido.

È Pasqua!
Tra candidi veli
di nubi, giocando
trasluce sul mondo
lo smalto azzurrino dei cieli.

È Pasqua!
Nei cuori sublime
con Cristo risorto,
rinasce il conforto
che esalta, soccorre, redime.

(Anonimo)

Venerdì Santo

Nulla, credi, è più dolce per i nostri
occhi di questo giorno senza sole,
con i monti velati di viole
perché la primavera non si mostri:
Venerdì Santo! E ieri sera tu
ti rimendavi quest'abito, tutto
grigio, un abito come a mezzo lutto
per la morte del povero Gesù...
Traevi dalla tua cassa di noce
qualche grigio merletto secolare:
così vestita, accoglierà l'altare
la buona amante con le mani in croce...
Prega per me, prega per te, per nostro amore,
per nostra cristiana tenerezza,
per la casa malata di tristezza,
e per il grigio Venerdì che muore:
Venerdì Santo, entrato in agonia,
non ha la sua campana che lo pianga...
come un mendico, cui nulla rimanga,
rassegnato si muore sulla via...
Prega, e ricorda nella tua preghiera
tutte le cose che ci lasceranno:
anche il ramo d'olivo che l'altr'anno
ci donò, per la Pasqua, Primavera.
Quante volte l'olivo benedetto
vide noi moribondi nel piacere,
e vide le nostre due anime, in nere
vesti, per noi pregare a capo al letto!

E pregavamo, come se morisse
qualcuno: un poco, sempre, morivamo:
Ma sempre sull'aurora nuova, il ramo
d'olivo lei amanti benedisse!
Ora col nuovo tu lo cambierai:
anche devi pregare per gli specchi
velati, per i libri, per i vecchi
abiti che tu più non vestirai...
E' sera: un riso labile si perde
sulle tue labbra, mentre t'inginocchi:
io guardo, dietro la veletta, gli occhi...
due perle nere in una rete verde.

(Fausto Maria Martini)

È Pasqua

"È Pasqua, è Pasqua!"
dice allegro il sole
mentre gioca con i fiori delle aiuole.
"È Pasqua, è Pasqua!"
già risponde il vento
mentre insegue le nubi del firmamento.
"È Pasqua, è Pasqua!"
canta allegro il cuore
"E in questo dì è risorto il Signore!"

(Anonimo)

È Pasqua

Alla Pasqua
Dell'anno passato
Un palloncino
Mi era scappato.

Mi era scappato
Nell'alto del cielo,
Io lo guardavo
E piangevo piangevo.

Anche quest'anno
Un pallone è volato
Ma io ho riso
Felice e beato.

Il palloncino
È andato lassù
Ma io quest'anno
Non piango più.

(Roberto Piumini)

Buona Pasqua!

Nei miei sogni ho immaginato
un grande uovo colorato.
Per chi era? Per la gente
dall'Oriente all'Occidente:
pieno, pieno di sorprese
destinate ad ogni paese.
C'era dentro la saggezza
e poi tanta tenerezza,
l'altruismo, la bontà,
gioia in grande quantità.
Tanta pace, tanto amore
da riempire ogni cuore.

(Anonimo)

È Pasqua

Volano le rondini
nel cielo turchino,
mentre un pulcino
zampetta nell'aia.
Cinguettano gli uccelli
nel mondo colorato
e un uovo di cioccolato
regala buffe sorprese.

Nell'aria una campana
rintocca festosa
e una Pasqua gioiosa
augura all'umanità.

(Anonimo)

Cristo è Risorto

È Pasqua! È Pasqua! Cristo è risorto
per portare l'amore nel nostro cuore,
per dare felicità,
pace e libertà.
La guerra è iniziata, già da molto tempo,
Gesù! Dacci una mano e fa volar nel vento
una colomba, ma una soltanto
perché oggi è Pasqua e si deve amare tanto.
Senza la guerra il mondo è sereno
e tutti dicono andremo …
andremo verso un mondo migliore
dove la Pasqua significa amore.

(Ilaria Cicchiello)

Pasqua

In questo giorno tutto nuovo
il pulcino è fuor dall'uovo;
il pastore con l'agnello
suona il piffero bel bello
e rintocca la campana
della chiesa assai lontana;
volano le rondini giulive
e le viole sulle rive dicono
"Pasqua ben tornata
ci rallegri la giornata!".

(Anonimo)

Campane di Pasqua

Campane di Pasqua festose
che a gloria quest'oggi cantate,
oh voci vicine e lontane
che Cristo risorto annunciate,
ci dite con voci serene:
"Fratelli, vogliatevi bene!
Tendete la mano al fratello,
aprite le braccia al perdono;
nel giorno del Cristo risorto
ognuno risorga più buono!"
E sopra la terra fiorita,

cantate, oh campane sonore,
ch'è bella, ch'è buona la vita,
se schiude la porta all'amore.

(Anonimo)

È Pasqua stamattina

È Pasqua stamattina,
è Pasqua, mio Signore!
Per questo la collina
si sveglia tutta in fiore.
L'argento degli ulivi
illumina i declivi;
ogni fontana aspetta
con l'acqua benedetta;
campane e campanelle
sono tutte sorelle
festose, umili, chiare
cominciano a cantare.

(Anonimo)

L'uovo arcobaleno

La mattina di Pasqua nel mio prato
un uovo arcobaleno ho trovato,
era un uovo profumato e strano
non più grande di una mano.

Quando l'ho aperto, con stupore
ho trovato sorprese d'ogni colore:
giallo il sorriso d'un cinesino,
rosso il canto di un algerino,

azzurro il sorriso di uno svedese,
verde la capriola di un portoghese,
violetta la danza di mille bambine,
indaco i suoni di mille ocarine.

E arancione rotondo e paffuto
un sole caldo di benvenuto,
un sole caldo paffuto e rotondo
uguale per tutti i bimbi del mondo.

(Eleonora Bellini)

È Pasqua ancora una volta
Un pensiero dedico a voi
che possiate ricevere in dono
In questo Santo giorno
un cesto di Sorrisi,
gioia e serenità.
Buona Pasqua a tutti.

(Cinzia Coppola)

Sia una Pasqua
di pace di serenità.
Di momenti per pensare
per stringersi la mano.
Una pasqua
di caldi abbracci.
Di fondersi di culture
e tradizioni.
Una pasqua senza
distinzioni di razze
o di religioni.
Una pasqua che stringa
l'intera umanità
In un unico grande
Abbraccio che si chiama
"Fratellanza"

(Silvana Stremiz)

Un uomo

Ho visto,
seduto tra i banchi di una chiesa,
un uomo con la testa china,
coperto di povertà,
che guardava con tristezza
un mozzicone di candela accesa,
tenendo le mani giunte in atto
d'infantile umiltà.
Ho sentito,
nel silenzio della chiesa vuota,
le parole sommesse,
le esterne promesse
pronunciate dalla voce remota.
Ho amato il vecchio uomo inginocchiato
davanti alla dorata luce dell'altare
con il bastone appoggiato e la roca voce
che non si stancava di pregare.
Ho sentito,
intorno all'uomo che crede,
il profumo forte della fede:
ho sentito,
nel respiro stacco del vecchio
l'amore di avere realmente
una dolcissima Pasqua
fiorita nel cuore.

(Antonio Pittau)

La Pasqua ...

La Pasqua è
morte e vita,
umiliazione e vittoria,
dolore e gioia.

(Antonio Pittau)

Pasqua

Pasqua
è speranza
per l'anima,
è luce
per la mente,
è gioia
per il cuore,
è calore
contro la solitudine

(Antonio Pittau)

Alcuni Proverbi Italiani e modi di dire

- A Natale, mezzo pane; a Pasqua, mezzo vino.

- Chi fa il Ceppo al sole, fa la Pasqua al fuoco.

- Natale con i tuoi, Pasqua con chi vuoi.

- La Pasqua sarà bianca quando il Natale è stato verde.

- Pasqua di Befana, la rapa perde l'anima.

- Pasqua tanto desiata, in un giorno è passata.

- Pasqua venga alta o venga bassa, la vien con la foglia o con la frasca.

- Pasqua, voglia o non voglia non fu mai senza foglia.

- Per Pasqua e per Natale, nessun lasci il suo casale.

- Se piove per la Pasqua, la susina si imbozzacchia.

- Tra Pasqua e Pasqua non è vigilia fatta.

- Venga Pasqua quando si voglia, la vien con la frasca o con la foglia.

- Contento come una pasqua.

Referenze bibliografiche

www.wikipedia.it

www.pensieriparole.it

www.aforisticamente.it

www.cartoline.net

www.ilsussidiario.net

www.frasionline.it

www.messaggi-online.it

www.frasiaforismi.com

www.maestramary.altervista.org

Dal libro di Annarosa Selene *"Dizionario dei proverbi"*

Indice

www.ingramcontent.com/pod-product-compliance
Lightning Source LLC
Chambersburg PA
CBHW070321290526
45791CB00003B/1211